Pᴀʀɪs, ce   pluviôse an 8 de la République française
une et indivisible.

AMELOT, Administrateur de la Loterie nationale, au Citoyen BONAPARTE, premier Consul de la République française.

CITOYEN PREMIER CONSUL,

Sᴇᴄᴏɴᴅᴇʀ vos vues bienfaisantes, offrir une question importante à la méditation du Conseil appelé par vous à coopérer au bonheur de la France : tel est le but que j'ai eu en publiant le Mémoire dont je vous fais l'hommage. Puissiez-vous y voir au moins une preuve du zèle ardent qui m'anime pour le succès d'un Gouvernement qui doit assurer la prospérité de ma Patrie!

Salut et respect,

AMELOT.

MÉMOIRE

Sur les avantages de l'assiette et de la perception de l'Impôt en nature, en l'affermant dans chaque Commune ; sur la facilité qu'il procurerait d'établir et de faire goûter en peu de temps l'usage des nouvelles mesures, et de faire renoncer aux anciennes ; sur les moyens qu'il donnerait de former avec économie les approvisionnements nécessaires aux armées, et sur les encouragements qui pourraient résulter, pour l'agriculture et la plantation des bois, de ce mode d'Impôt.

On ne peut se dissimuler les vices qui existent dans la répartition de l'impôt foncier, et la difficulté d'arriver à la juste proportion dans laquelle il devrait être, en raison de la nature du sol, de celle de ses productions, du plus ou du moins de frais de culture, et des défauts de récolte résultants de l'intempérie des saisons et de force majeure.

Les terres doivent un impôt ; mais il est douloureux de penser que de tous les impôts le foncier est le plus lourd à supporter, le plus inégal, quelque soin que l'on prenne dans la répartition, le plus injuste même, en ce qu'il n'est jamais en proportion avec la faculté de celui qui le paie. En effet, en admettant que l'impôt doive être du cinquième du produit de la terre, et que la répartition soit exacte sous ce rapport, quelle proportion y a-t-il entre l'impôt payé par le particulier qui a une femme, quatre ou cinq enfants à nourrir, et n'a qu'un revenu présumé de quatre cents francs, et celui qui, avec quatre mille francs de revenu, a des charges moindres ? Le premier, malgré l'égalité de la répartition, prend sur son nécessaire pour payer l'impôt, le dernier sur son superflu. Quelle proportion y a-t-il entre le propriétaire d'une terre en labour et celui d'un pré, quand même les deux objets donneraient le même produit ? Le second n'a que la peine de faucher; combien d'avances le premier n'a-t-il pas eu à faire! Quelle proportion y a-t-il entre deux propriétaires d'un même revenu, dont l'un est grêlé, et l'autre n'a rien souffert des intempéries de la saison ?

L'indemnité accordée au premier ne le dédommage jamais de la perte; l'impôt qu'il est encore obligé de payer est hors de proportion avec la nullité de sa récolte, et lui ôte même les moyens de réparer ses pertes. Le dernier au contraire reste dans l'abondance. Combien d'autres exemples ne citerait-on pas de l'inégalité de l'impôt foncier le mieux réparti ? Mais que l'on considère combien sa perception devient souvent odieuse à l'égard du petit propriétaire : ses besoins sont habituellement plus grands que ses revenus : on ne doit jamais attendre de lui cette économie prévoyante qui lui ferait mettre de côté la somme nécessaire pour payer l'impôt, il ne cède jamais qu'aux poursuites. Qu'en résulte-t-il ? ces poursuites augmentent sa charge, elles le forcent souvent à vendre ses denrées dans un temps peu opportun, et rendent l'impôt encore plus lourd pour lui. Que sa récolte soit bonne ou mauvaise, son impôt ne change pas ; les poursuites sont les mêmes, rien ne compense le sacrifice qu'il est obligé de faire. Forcé de vendre pour payer, il ne vend qu'à regret ; la privation de la somme numéraire que l'on exige de lui est toujours plus pénible que ne l'eût été, au moment de la récolte, l'abandon qu'il aurait fait d'une portion de denrées équivalente.

On voit combien l'impôt foncier perçu en argent présente d'arbitraire et d'inconvénients pour le contribuable ; examinons maintenant ceux qu'il présente pour le gouvernement.

Pour asseoir l'impôt foncier, il a fallu faire une première répartition de sa masse entre les départements ; les départements l'ont faite ensuite entre les districts, les districts entre les communes, et les communes entre les propriétaires. Mais combien l'intérêt personnel, le plus ou moins d'activité ou d'insouciance des administrateurs, n'ont-il pas nui à la première répartition faite entre les grandes divisions du territoire ? Aussi, dans tel canton on paye trois cinquièmes du produit en impôt ; dans tel autre au plus le cinquième : les mêmes inconvénients existent dans la répartition de détail ; les passions particulières l'ont déterminée ; tel paye en impôt la presque totalité de ses revenus, et tel autre au plus la dixième partie ; de là naissent des réclamations sans fin, des demandes en dégrèvements sur lesquelles on s'appuie pour ne pas payer, et sur lesquelles on n'obtient aucune solution : de là les retards dans la perception et un arriéré énorme qui ne laissent jamais au gouvernement les moyens de disposer avec ordre et économie des ressources dont la rentrée est toujours incertaine, et ne s'opère en dernière analyse que par la ruine des contribuables, contre lesquels on dirige des contraintes, et dont on fait vendre les meubles par autorité de justice.

Cet inconvénient existera toujours, tant qu'il n'y aura pas de cadastres et une fixation positive de ce que chacun doit payer en raison de la qualité de ses terres et de la nature de ses récoltes ; mais, outre cet inconvénient, que l'on considère le travail annuel qu'exige la formation des rôles, et les frais qui en résultent ; les poursuites qu'entraîne la perception, poursuites qui aigrissent les contribuables et qui se dirigent principalement sur les pauvres, tandis que les considérations particulières les écartent des hommes riches ou puissants ; que l'on examine à quoi s'élèvent les frais de garnisaires et autres, qui aggravent la situation des débiteurs sans aucun avantage pour le gouvernement.

L'impôt foncier assis en nature, et pouvant être payé en nature ou en argent par abonnement annuel, et mis en adjudication dans chaque commune, sauverait la grande majorité des inconvénients de l'impôt foncier réparti en argent et perçu en argent.

Avant d'entrer dans la discussion des moyens de l'établir, on va présenter diverses observations. Trois choses sont nécessaires pour porter le produit de cet impôt à sa juste valeur,

1.º L'étendue des terres.

2.º Leur nature.

3.º L'espèce de récolte.

Une fois le tableau des propriétés formé par quotité, et divisé par nature de terre et de culture, un tarif général déterminerait la proportion de l'impôt avec la récolte. Pour donner une idée plus précise de la chose, on suppose que les prés qui n'exigent point de frais de culture paieraient le quart du produit, les bois le cinquième, les terres à froment le sixième, les vignes le septième. Cette base posée, on mettrait à l'enchère tous les ans la perception de l'impôt de chaque commune; l'adjudicataire prenant pour base ce tarif d'une part, et de l'autre la qualité et la nature des terres, porterait son enchère à une somme quelconque pour l'impôt d'une de ces communes. L'adjudication lui donnerait le droit de percevoir à son profit le quart du produit en nature des prés, le cinquième des bois, le sixième des terres labourables, le septième des vignes.

Par ce mode d'impôt le contribuable ne pourrait jamais être vexé; le tableau des propriétés fait la loi sur la nature de ses terres, le tarif règle la proportion de l'impôt; l'adjudicataire ne peut s'écarter de ces deux bases; le gros propriétaire a la faculté de s'abonner avec le fermier de l'impôt, s'ils tombent d'accord sur les conditions; le petit propriétaire, payant au moment de sa récolte, s'acquitte dans l'instant où il est le plus riche, et jouit sans inquiétude pendant plus de onze mois de l'année de ce qui lui reste; il n'a plus devant lui cette perspective affligeante

de l'obligation de vendre ses denrées dans un temps dé-
favorable , d'essuyer des poursuites ruineuses pour lui ,
ou de se voir privé du fruit de ses économies. Sa dette
payée au moment où ses jouissances naissent , le sacrifice
est moins sensible, et bientôt oublié ; il n'a jamais de mo-
tifs fondés de former des demandes en dégrèvement. Est-
il grêlé? sa récolte est-elle médiocre ? il ne donne jamais
qu'en proportion de ce qui lui reste.

On peut sans doute former plusieurs objections contre
ce genre de perception.

1.º L'emplacement nécessaire pour l'opérer n'existe pas
partout. Mais c'est à l'adjudicataire à y pourvoir. Si l'emplacement n'existe pas dans une commune, il se trouvera
dans une voisine , et il est à présumer que les mêmes
hommes chercheront à affermer l'impôt de plusieurs communes.

2.º L'impôt ne sera peut-être pas porté à sa valeur dans
toutes les communes. Cet inconvénient peut avoir lieu,
mais l'année suivante la concurrence naîtra des bénéfices
faits par le premier adjudicataire, et l'impôt sera porté à
sa valeur.

3.º Il est des objets qui ne sont pas susceptibles d'être
imposés en nature , et qui néanmoins sont sujets à l'impôt, tels sont les pacages , les bruyères, les jardins, ver-
gers, et quelques autres genres de culture. Mais il est
possible d'évaluer en argent l'impôt de ces objets, et de
laisser aux propriétaires la faculté de se libérer en denrées du nombre de celles qui doivent supporter l'impôt
en nature , au taux des mercuriales que l'on indiquerait

à cet effet dans les charges de l'adjudication, pour éviter toute contestation entre le propriétaire et l'adjudicataire. On peut d'ailleurs consulter le mode suivi dans la ci-devant Bretagne et dans la ci-devant Provence, ou l'impôt se percevait en nature sur beaucoup d'objets.

4.º Les maisons ne peuvent s'imposer en nature. On croit à cet égard que l'impôt en argent, évalué d'après le loyer dont elles sont susceptibles, devroit être payable par douzième ; qu'au lieu d'obliger le propriétaire à aller porter le montant de sa cote, ainsi que cela existe à Paris, chose à laquelle il répugne et qu'il retarde toujours , il conviendrait mieux que des prercepteurs allassent eux-mêmes chercher les deniers de la recette. Quant aux peines à infliger pour le retard, on croit que la plus juste serait de substituer aux garnisaires, dont l'existence devrait être proscrite dans un état libre, et dont les frais au détriment du propriétaire ne tournent point à l'avantage du gouvernement , une amende progressive que le débiteur encourrait, au bout de trois mois s'il ne payait pas exactement. Cette amende deviendrait pour le gouvernement une juste indemnité du retard de paiement. La contrainte ne pourrait avoir lieu que lorsque le contribuable aurait laissé passer l'année sans s'acquitter entièrement. Il est, à l'égard de l'impôt foncier sur les maisons, une observation à faire : une maison non louée est pour son propriétaire ce qu'un champ inculte est pour le sien, avec cette différence que le premier a des réparations à payer, et que le dernier n'a rien à dépenser. Ne serait-il pas juste que les non locations fussent prises en considération par le gouvernement, et donnassent lieu à un dégrèvement en faveur des propriétaires déja assez malheureux de ne tirer aucun produit de leurs immeubles ?

5.° La somme totale de toutes ces adjudications ne présenterait pas tous les ans le même résultat, et le gouvernement ne connaîtrait ses ressources que par approximation. Mais la différence d'une année à une autre ne serait jamais bien considérable. L'impôt foncier, tel qu'il se perçoit, n'a-t-il pas des non valeurs ? Les retards dans sa perception actuelle n'entraînent-ils pas des inconvénients bien plus grands que la variation des produits d'une année avec ceux d'une autre ? D'ailleurs, les fermiers des impôts étant nantis, dans l'espace de quatre mois au plus, des denrées représentatives du montant de l'adjudication, et étant assujetis à donner caution, n'offriront-ils pas au gouvernement les moyens d'avoir des recettes régulières ? Mais, outre l'avantage d'une recette toujours sûre, d'une perception plus égale et plus douce pour le contribuable, puisqu'il n'y aura plus de contraintes ni de poursuites à exercer, l'établissement de l'impôt en nature en présente beaucoup d'autres, dont deux bien majeurs.

Le premier, d'amener en peu de temps, dans toute l'étendue de la République, l'usage des nouvelles mesures pour les terres, les grains et les liquides ; le tableau et l'arpentage de toutes les propriétés se trouvant fait d'après les nouvelles mesures, entraîne leur usage pour toutes les transactions particulières, et force à oublier les anciennes : car chacun aurait un intérêt réel à connaître les nouvelles.

Le second, de donner au gouvernement, par cette perception en nature, de grands moyens de former des approvisionnements pour les troupes, en imposant aux adjudicataires l'obligation de verser dans les magasins de la République les denrées provenants des impôts, selon le genre de produit du canton où ils devraient être perçus. Ces denrées, par ce moyen, ne reviendraient au gouvernement qu'à leur véritable valeur ; les fournisseurs n'auraient plus à spéculer sur leur prix, et à les faire payer plus qu'elles ne valent ; il n'y aurait à passer que des marchés pour la manutention.

Par ce mode d'impôt on aurait un aperçu bien plus exact du produit des récoltes en tous genres, dans l'étendue de la République : on connaîtrait bien mieux dans quelles proportions ces récoltes se trouvent avec les besoins : on pourrait donner des encouragements à tous ceux qui feraient des défrichements, en n'assujétissant pas les premières récoltes à l'impôt.

L'impôt en nature aurait encore un avantage, c'est de ne pas décourager l'agriculteur qui cherche à faire des essais. S'il ne réussit pas, ou il n'a rien à payer, ou il paye en proportion du peu de récolte. Si le gouvernement avait même quelque intérêt à introduire de nouvelles cultures en France, il les favoriserait par une réduction sur la quotité de l'impôt.

On s'effraie en général des frais de plantation des bois ; le gouvernement a cependant un grand intérêt à exciter l'industrie à cet égard ; il le pourrait en n'exigeant aucun impôt pour les nouvelles plantations, pendant un certain nombre d'années.

On croit devoir placer ici une observation importante sur la manière dont les bois sont imposés. Ils le sont dans la proportion du revenu qu'ils sont censés donner; mais est-il juste d'exiger annuellement un impôt pour un produit qui ne vient que tous les 10, 15, 20, 30 ans et plus? Il seroit plus juste que les coupes seules, lorsqu'elles s'opèrent, supportassent l'impôt, cela reviendrait au même pour le gouvernement, car il s'abat annuellement à peu près la même quantité de bois; mais on croit que ce nouveau mode aurait l'avantage d'engager les propriétaires à ne pas anticiper les coupes, et à ne pas presser celles des futaies : le gouvernement ne doit négliger aucuns des moyens de conserver les bois en France.

Après avoir exposé les avantages de l'impôt foncier perçu en nature, il faut parler des moyens d'exécution. On s'effraiera sans doute de l'immensité du travail et de la dépense qui peut en résulter; mais, si on peut trouver un nombre d'arpenteurs suffisant pour entamer ce travail et l'exécuter dans le cours de deux ou trois ans, les frais ne doivent point inquiéter : la fin de ce travail devenant le terme des persécutions que les contribuables essuient dans la perception de l'impôt foncier, et des injustices qu'ils ont éprouvées dans la répartition, il n'en est aucun qui ne soit intéressé à contribuer à sa confection.

En établissant un tarif pour le salaire de l'arpenteur, dès qu'il aurait levé le plan d'une commune et l'aurait fait recevoir par l'autorité chargée de la suite de ce travail, il serait payé par le receveur des impositions. Le montant de ce paiement serait reporté par supplément à l'imposition du contribuable intéressé à la levée du plan.

Ce mode stimulerait les arpenteurs plus qu'un traite-ment fixe.

Quand l'arpentage d'un canton aurait été fait et le plan formé, on procéderait à la classification des terres. Il faudrait pour cette opération prendre des experts des communes voisines, pour éviter les considérations particulières. Le plan serait coté en conséquence de la qualité des terres et de leur culture. Ce travail une fois fait, on formerait les rôles de toutes les pièces de terre, de leurs superficies, du genre de leur culture, de leur nature, et enfin de la quotité d'impôt à laquelle elles seraient assujéties.

Ce serait de ce rôle dont les enchérisseurs prendraient connaissance, et en vertu duquel l'adjudicataire percevrait l'impôt. Le gouvernement réglerait tous les ans les charges de l'adjudication, selon qu'il aurait intérêt à avoir des denrées ou de l'argent.

Dès que ce mode serait établi, le nom du propriétaire deviendrait indifférent aux administrateurs; c'est la terre qui devrait et non pas l'homme. Ce serait à l'adjudicataire à trouver celui qui doit le payer. Le rôle fait la loi pour tous deux, et ne peut laisser matière à réclamation que dans le cas de changement de culture.

Dans ce cas, l'administration ordonne une expertise pour régler la proportion de l'impôt à payer ; la mention en est faite sur le rôle, et suffit pour l'avenir.

Avec l'impôt en nature, plus de demandes en réduction ou en dégrèvement ; plus de poursuites, de garnisaires ; plus de retards dans les recouvrements, puisque l'impôt est perçu au moment de la récolte, et que les fermiers, au

(14)

moyen des cautions, peuvent payer à des époques fixes;
établissement définitif des nouvelles mesures, et facilité
pour le gouvernement de former avec économie tous les
approvisionnements dont il aura besoin pour le service
des armées.

A PARIS,

De l'imprimerie de Didot le jeune, quai des Augustins, n.º 22.

AN VIII DE LA RÉPUBLIQUE.